30 *Cartillas turolenses*

Los batallones de trabajadores
en la provincia de Teruel

José Serafín Aldecoa Calvo

75 1948 - 2023 ANIVERSARIO
Instituto de Estudios Turolenses
Diputación de Teruel

Primera edición, diciembre de 2023.

2.000 ejemplares.

Edita el **INSTITUTO DE ESTUDIOS TUROLENSES** de la Excma. Diputación Provincial de Teruel.

Fotografías de **Agencia EFE** (35), **R. ALBERO** (47), **J. S. ALDECOA** (31), **G. ALLANEGUI** (32), Archivo **CHE** (42), **ARCHIVO HISTÓRICO PROVINCIAL DE TERUEL. Regiones Devastadas** (3, 4, 7, 9, 11, 18, 20, 21, 29, 33, 34, 36, 38, 39, 40, 41, 46, 48, 49, 50 y 52), **ARCHIVO HISTÓRICO PROVINCIAL DE ZARAGOZA** (14 y 45), Archivo **LÓPEZ SEGURA del IET** (13, 28 y 43d), Archivo **RICARDO ATRIÁN del IET** (24, 26, 30 y 43i), **J. BARQUERO** (6 y 23), Colección **ANTONIO PÉREZ SÁNCHEZ** (15 y 37), **FORO POR LA MEMORIA HISTÓRICA DE GUADALAJARA.** Familia **CANUTO MARCOS** (51) y **MINISTERIO DE JUSTICIA** (16).

Mapa de **José Serafín ALDECOA.**

Diseño gráfico, maquetación y arte final de **Víctor LAHUERTA.**

Compuesto en los tipos *Officina Sans* y *Rotis SemiSans*.

Impreso a cuatro tintas de la gama europea sobre cartulina Invercote Creato de 240 g para la cubierta y papel Creator Silk de 125 g para el interior, en los talleres de **LITOCIAN**, SL, polígono La Casaza, nave 26, 50180 Utebo (Zaragoza).

Encuadernado en **RAGA**, SA.

ISBN 978-84-17999-58-2

Depósito legal TE 171-2023

Hecho e impreso en España–Unión Europea/Made and Printed in Spain–European Union.

CUBIERTA Y PORTADA: Batallón de trabajadores n.º 21 de Griegos y nuevo seminario de Teruel (fotomontaje infográfico).

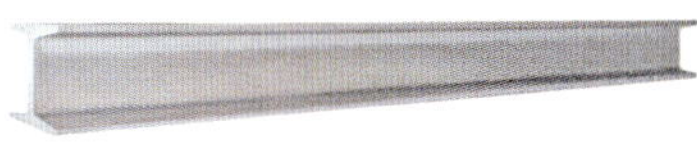

Introducción

En el año 2005 varias instituciones organizaron una gran exposición con su correspondiente catálogo bajo el título «Reconstrucción de Teruel (1939-1957)» que comisarió José Manuel López, autor de una tesis doctoral publicada por el Instituto de Estudios Turolenses en 1988: *La arquitectura oficial de Teruel durante la era franquista (1940-1950)*. En la muestra se trataron temas como la reconstrucción de Teruel tras la guerra; los jóvenes arquitectos que la planificaron, como Alejandro Allanegui, autor del Plan Parcial de Reforma Interior de Teruel; o la actuación de Regiones Devastadas (RRDD). Pero las ausencias eran patentes: no solo la capital había sufrido esa devastación, sino que otras localidades

ARRIBA: Ruinas de la Comandancia en la Glorieta de Teruel, 1938.

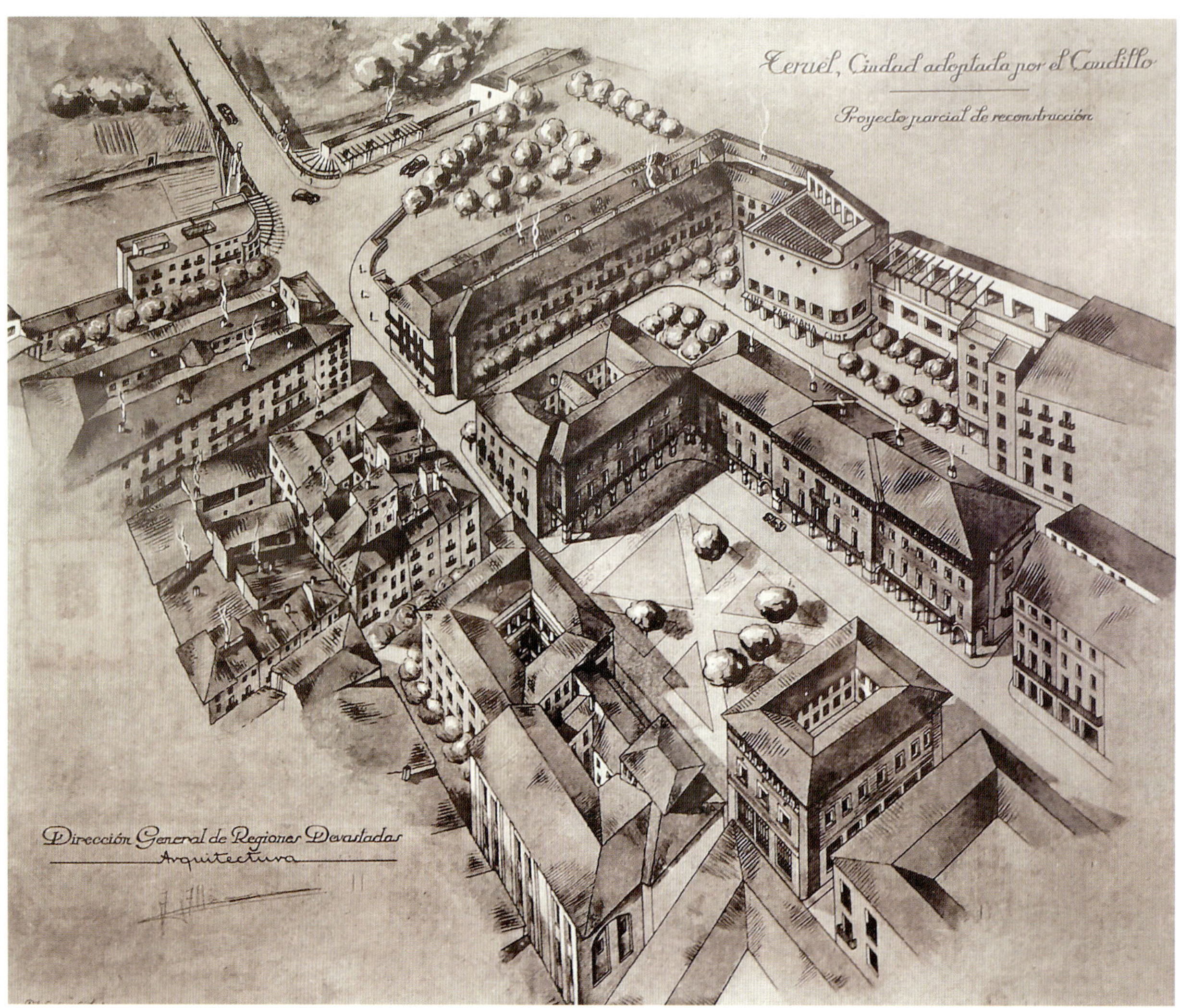

Proyecto de reconstrucción de la plaza San Juan de Teruel, 1940.

también habían padecido los bombardeos y la artillería. Se trata de Griegos, Híjar, Torrevelilla, Sarrión o Rudilla. Además, no figuraban los trabajadores que levantaron la ciudad y los pueblos de la ruina, aquellos que, tras sufrir algún tipo de pena, fueron llevados a Teruel en un estado de

Portada del n.º 4 de la revista *Reconstrucción* dedicado a Teruel.

semiesclavitud. Es como si a estos obreros encuadrados en batallones de trabajadores se los hubiera llevado el viento.

Estas unidades han recibido dos nombres en Teruel: batallones de trabajadores y destacamentos penales. En ambos casos, eran trabajadores llevados, en general, desde campos de concentración para realizar una labor de desescombro, de construcción de viviendas, etc. Otros se dedicaron a la reconstrucción de minas y a la puesta en marcha de la maquinaria para extraer carbón para la actividad bélica. Unos y otros, a cambio de su trabajo, redimían las penas de acuerdo con las disposiciones del momento.

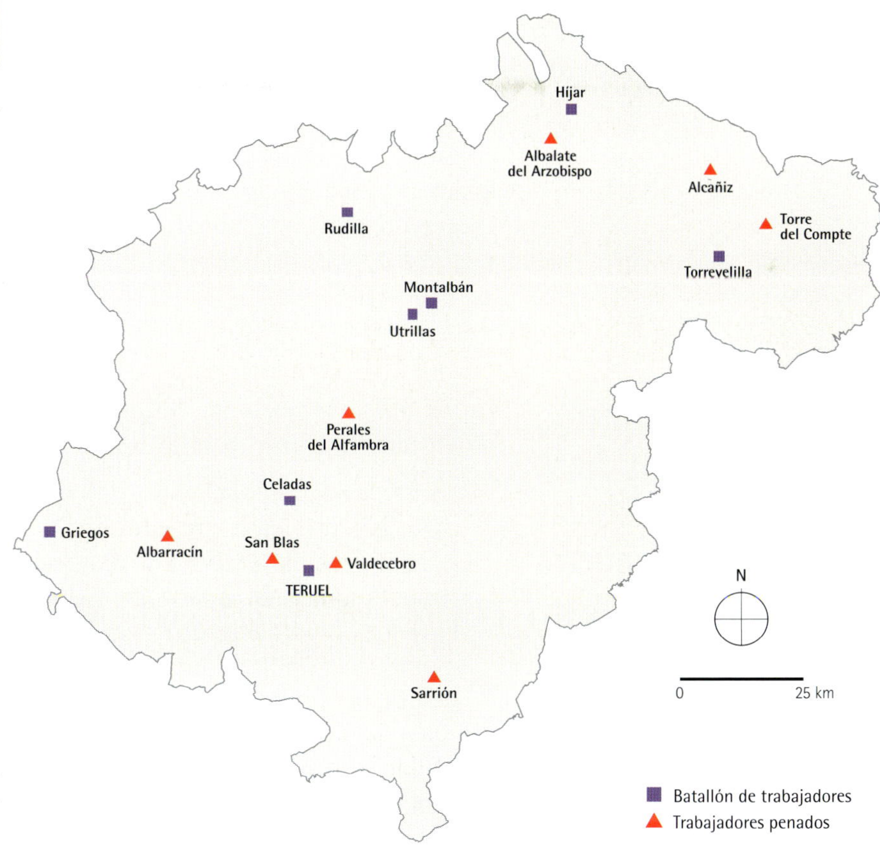

Localización de los batallones y trabajadores penados en la provincia de Teruel.

Jerónimo Barquero (de pie en el centro) junto a otros compañeros del batallón n.º 21 en Griegos.

Ante el olvido de estos obreros y de su labor inmensa en condiciones difíciles, se merecen ser objeto de esta cartilla, que solo es una pequeña muestra de agradecimiento a los que coadyuvaron a que los turolenses pudieran mejorar su situación vital. Nunca se ha hecho justicia con ellos.

Se sabe que hubo batallones en Teruel capital y en varios pueblos. Ahora bien, no en todos los municipios afectados por la guerra se crearon batallones o destacamentos de forma oficial, sino que hubo penados en su reconstrucción sin constituir grupos formales por las autoridades en Albarracín, Alcañiz, El Campillo, Valdecebro o Sarrión.

La denominación de batallones y de destacamentos se va a utilizar indistintamente, pese a las diferencias, pues en el primer caso se trataba de unidades móviles, desplazadas de un lugar a otro según necesidades de las autoridades, mientras que los segundos permanecían fijos durante algún tiempo. En este sentido, uno de los integrantes del batallón n.º 21 en Griegos, Jerónimo Barquero, natural de Bronchales, estuvo trabajando en la reparación de la plaza de toros de Teruel, después fue llevado a Calatayud, para más tarde ir a parar a Griegos.

Acercamiento histórico a las áreas más devastadas por la guerra

La acción devastadora de la guerra se produjo en varios lugares de la provincia y en varios momentos.

- Batalla de Teruel (diciembre, 1937-febrero, 1938). La ciudad fue ocupada por el ejército republicano y después por el franquista. Los bombardeos, la artillería y la colocación de minas (dinamita) destruyeron una buena parte del casco urbano, al igual que en Celadas, El Campillo y Valdecebro. En el primero la destrucción hizo que Regiones Devastadas plantease la construcción de un pueblo de nueva planta, pero la oposición de los vecinos la hizo fracasar.

- Los avances de las tropas franquistas hacia el Bajo Aragón, ocupando las Cuencas Mineras a partir de marzo de 1938, fueron acompañados de bombardeos de la Legión Cóndor y de la aviación italiana, con la consiguiente destrucción de Rudilla e Híjar. Recuérdese el bombardeo de Alcañiz del 3 de marzo de 1938, que destruyó unas 200 casas (estudiado por José M.ª Maldonado), y, además, las instalaciones mineras también se vieron muy dañadas por la acción de los mineros al retirarse.

- Las batallas de Albarracín. Octubre de 1936: primer ataque republicano desde Cuenca y ocupación hasta Gea de Albarracín tras la llegada de la Columna del Rosal. En julio de 1937, un nuevo ataque republicano se hizo con el control de casi toda la sierra y a finales de agosto la batalla del Alto Tajo afectó sobre todo a Griegos y a Albarracín.

- Las batallas de Sarrión. Una primera a mediados de agosto de 1936, con la participación de la Columna de Hierro y la aviación republicana, supuso la muerte del comandante Aguado. Luego, una segunda en junio de 1938 en la que el ejército franquista ocupó la Muela, pero la decisiva fue en septiembre de ese año con la retirada hacia Levante del ejército republicano.

Destrucción de Griegos, 1941.

La destrucción ocasionada por la guerra

Tanto José Juan Herranz (Griegos) como Santiago Lorén (Híjar) dan testimonio personal en sus obras de ficción (*Griegos 48* y *Hospital de sangre*) de la situación de ambos pueblos tras los bombardeos. Ahora bien, para conocer la destrucción del casco urbano de varios pueblos son recomendables las fotografías del Archivo Provincial de Teruel, incluidos los planos con las áreas afectadas.

Varios pueblos sufrieron los efectos de los bombardeos y de la artillería, por lo que en 1939 sus calles estaban llenas de escombros, con muros a punto de caerse y con tejados hundidos. El grado de destrucción alcanzó en algunos casos el 75 %, lo que facilitó que fueran adoptados por el Gobierno franquista, que imponía ese criterio para la adopción.

En Utrillas los franquistas encontraron bastantes destrozos en el ferrocarril y en las infraestructuras del carbón (castillete, viaducto de Lahoz...), lo que impedía poner en marcha la extracción del carbón y su transporte. Era preciso reconstruir las instalaciones cuanto antes para el

CUADRO 1

Resumen de la destrucción de inmuebles de algunas localidades		
LOCALIDAD	**N.º DE INMUEBLES**	**DESTRUIDOS**	**CON DAÑOS**
Rudilla	216	193	s. d.
Híjar	844	144	102
Torrevelilla	164	100	32
Celadas	645	365	180
Valdecebro	140	80	30
El Campillo	575	305	270
Santa Cruz de Nogueras	191	93	35
Teruel	s. d.	77	1.068

FUENTE: Elaboración propia a partir de documentación del Archivo Histórico Provincial de Teruel (AHPT).

Ruinas del edificio de la Delegación de Obras Públicas en la Glorieta de Teruel, 1938.

mantenimiento de la maquinaria bélica. Por lo que respecta a Barranco Malo, en Montalbán, parece que las instalaciones no sufrieron destrozos, y la Carbonífera de Palomar puso en marcha la extracción del carbón después de la guerra.

El grado de destrucción de Teruel capital, según Regiones Devastadas, *grosso modo*, era este: «Una tercera parte de los edificios de la población quedó reducida a escombros, otra tercera parte sufrió daños graves, y puede decirse que ninguna casa se salvó sin un rasguño».

El CUADRO 1 procede de las respuestas de los ayuntamientos a cuestionarios de las autoridades franquistas para justificar la necesidad de la adopción. En el caso de Rudilla, de los 216 edificios, 193 habían sido destruidos, cantidad seguramente excesiva, pero fue el punto de arranque del ataque del Cuerpo de Tropas Voluntarias italiano hacia las Cuencas Mineras. Como consecuencia del bombardeo del 9 de marzo de 1938 por la aviación italiana, Rudilla quedó destruido. En Híjar, de 844 edificios fueron destruidos totalmente 144, 102 en más de su mitad y el resto dañados en parte, datos más realistas que los anteriores. Ahora bien, a primeros de marzo de 1938, se sucedieron los bombardeos de la Legión Cóndor, que produjeron cuantiosas víctimas humanas, así como destrozos en viviendas e infraestructuras. En Torrevelilla, de 164 edificios aproximadamente 100 fueron destruidos completamente o en más de la mitad y los restantes fueron dañados en parte. El casco urbano superó el 75 % de destrucción. Los datos de Celadas apuntan que, de 645 viviendas, 365 fueron destruidas totalmente, 180 en más del 50 % y las restantes afectadas en parte. Celadas era un punto estratégico para la guerra, por lo que fue ocupada y perdida en dos ocasiones, lo que explica que la destrucción fuera de tal envergadura. En Valdecebro, de 140 edificios 80 fueron destruidos totalmente, más del 50 % dañados seriamente y el resto, con más o menos desperfectos. Estos datos numéricos ilustran a las claras la situación de ruina en que se encontraban algunos de los municipios, aunque no en todos se instalaron batallones de trabajadores.

Regiones Devastadas. La adopción de municipios turolenses

Tras año y medio de guerra, a principios de 1938 numerosos pueblos y ciudades de España presentaban las huellas de una contienda que se auguraba larga. Estas localidades carecían de medios económicos y humanos para su reconstrucción. En un primer momento, de forma espontánea, los vecinos reconstruyeron lo más esencial de sus viviendas, pero se trataba de iniciativas inconexas e impulsivas. Era necesaria una actuación de mayor envergadura desde el Estado.

El Gobierno de Franco se enfrentaba a la necesidad de facilitar viviendas además de reconstruir las infraestructuras. Para este propósito se creó, a imitación de países como Bélgica o Francia, el organismo Ser-

Torrevelilla tras ser bombardea-
da. Derribo y desescombro de la
calle San José, s. f.

Localidades y fechas de adopción		
LOCALIDAD	DECRETO DE ADOPCIÓN	BOE
Albarracín	22/2/1941	15/3/1941
Alcañiz*	29/3/1944	29/5/1944
Celadas	15/12/1939	20/12/1939
El Campillo	15/12/1939	20/12/1939
Griegos	15/12/1939	20/12/1939
Híjar	13/3/1942	29/3/1942
Perales del Alfambra	2/8/1941	19/8/1941
Rudilla	15/12/1939	20/12/1939
Sarrión	13/3/1942	29/3/1942
Teruel	7/10/1939	22/10/1939
Torre del Compte	2/8/1941	19/8/1941
Torrevelilla	20/12/1940	12/1/1941
Valdecebro	2/8/1941	19/8/1941

FUENTE: M.ª José Casaus, DARA-Documentos-y-Archivos-de-Aragon.blogspot.com
* Solo afectó a bienes municipales.

vicio de Regiones Devastadas y Reparaciones, adscrito al Ministerio del Interior por una ley de 30 de enero de 1938 y un decreto de 25 de marzo. A través de Regiones Devastadas, el Estado se hacía cargo de todas las actuaciones para la reconstrucción de los bienes dañados por la guerra. Pero no solo eso, este organismo también tendrá finalidad política, ya que servirá como instrumento de propaganda de la ideología del régimen franquista. Dice el decreto: «La adopción producirá una serie de consecuencias legales: El Estado mediante sus técnicos, pero con la intervención del Ayuntamiento, formará el plan general de reconstrucción y, en su caso, de saneamiento, mejora interior, ensanche y extensión [...] Tomará a su cargo el restablecimiento íntegro, de los servicios públicos correspondientes al Estado, la Iglesia, Provincia, Municipio [...] podrá construir viviendas de renta reducida para cederlas a título oneroso o darlas en arriendo [...] tendrá las facultades de expropiación sobre solares, terrenos, bienes...».

La capital fue la primera adoptada, tal vez por la patente destrucción de sus calles, con lo que no era necesario un recuento para alcanzar el 75%. Lo cierto es que, mediante decreto de 7 de octubre de 1939, la ciudad «mártir» fue adoptada por Franco. Dos meses más tarde (20 de diciembre) lo fueron Griegos y otras localidades como El Campillo, Celadas o Rudilla. También fueron adoptados en meses sucesivos Perales del Alfambra y Torre del Compte. El caso de Híjar sería más tardío aún, al igual que el de Sarrión, pues la fecha fue la de marzo de 1942, casi tres años más tardía, o Alcañiz en 1944.

Como director general de Regiones Devastadas fue designado el coronel/ingeniero Isidro Calvo Herraiz, participante de la sublevación contra la II República y alcalde de Teruel entre 1941 y 1943.

Utrillas, Montalbán y Palomar no fueron adoptadas por el régimen franquista, ya que no fue necesario, entre otras razones porque no se trataba de la reconstrucción de cascos urbanos.

La solicitud de adopción era una tarea burocratizada, pues era preciso la redacción y presentación de diferentes informes por parte de los ayuntamientos y de la Diputación.

Iglesia de Santo Domingo de Silos de Celadas, reconstruida en 1942 por Regiones Devastadas.

Los batallones de trabajadores y los destacamentos penales

El trabajo forzoso de penados decayó en las primeras décadas del siglo XX. Así, la II República lo derogó por breve tiempo, ya que recurrió a él con la Guerra Civil, cuando en diciembre de 1936 se promulgó la creación de campos de trabajo con los condenados por conspirar contra el Gobierno. En su artículo 3.º se establecía que las obras en estos campos tendrían «carácter público»: canales de riego, carreteras y «cuantas se consideren de interés nacional, regional o local». En base a esta legislación, el Gobierno republicano habría creado el campo de trabajo de Valmuel en Alcañiz en diciembre de 1936, en el que se internaron a vecinos «derechistas blandos», según Pedro J. Bel en su blog *Historias del Bajo Aragón*, para la construcción de regadíos.

Los sublevados emplearon prisioneros de guerra desde el primer momento para construir obras militares y reparar daños bélicos. Todo ello, sin criterios unificados, fue sistematizándose, de modo que el 7 de octubre de 1938 se ponía en marcha una de las máquinas represoras del franquismo: el Patronato Central de Redención de Penas por el Trabajo. Es el caso de los presos republicanos encarcelados en el seminario de Teruel tras la sublevación. Se sabe, por el testimonio de Ildefonso-Manuel Gil (*Concierto al atardecer*), que fueron sacados en grupos para construir refugios y trincheras.

Hay que distinguir estos batallones de los campos de concentración. Ramón Salas Larrazábal escribió que tras la toma de Teruel el ejército franquista capturó más de 3.000 prisioneros, y Javier Rodrigo recoge que en el avance militar en las Cuencas Mineras tomaron centenares de presos. Los cuales fueron llevados a campos de concentración provisionales en Monreal del Campo, Caminreal, plaza de toros de Teruel o en la azucarera de Santa Eulalia. Trasladados los presos, se inició el análisis de

MINISTERIO DE JUSTICIA
SERVICIO DE LIBERTAD VIGILADA

B   leg.
    exp.

Apellidos DEL POZO PELAYO   Nombre CELESTINO
Naturaleza Madrid   Provincia Madrid
Edad 49 Hijo de Candido y de Manuela Estado casado
núm. de hijos 5 Profesión aparejador Lugar donde residía durante
el Movimiento Madrid   Prisión de procedencia Zaragoza
Condena 12 a. 1 d. Conmutaciones ninguna Fecha de libertad condicional 12-2-1.943 Residencia durante la libertad condicional
Rudilla (Teruel)
Fecha del indulto 20-9-1.946 Decretado por Capitán Gral. 5ª Reg
Residencia actual Sariñena (Pl. San Roque, 2)

Ficha de un trabajador del batallón de Rudilla.

antecedentes de cada uno, su clasificación y su reparto en los distintos batallones y destacamentos penales.

En el decreto 281 de 1937 se había establecido «el derecho al trabajo de los reclusos por delitos no comunes, como peones o en otras clases de labores». Con él se producía «una redención de penas» debido «a la generosa disposición» de los poderes públicos a los que los penados «deben responder con gratitud a un régimen que usa con ellos tan extraordinaria piedad». Lo que, bajo un espíritu de perdón y caridad cristiana, se convirtió en un instrumento para la humillación de los vencidos y la perpetuación de su castigo. Se establecieron batallones para obras estatales o contratadas por empresas con la calificación de «interés nacional». En 1940 existían en España 70, que daban ocupación a 5.155 trabajadores. Se trataba, casi siempre, de barracones a pie de obra, con un número variable de entre 30 y 400 presos controlados por funcionarios de prisiones y policía. Ahora bien, el momento de mayor auge de los batallones, según Juanjo Olaizola, «fue 1943 pues en ese momento existían en España 121 dependencias de este estilo que explotaban el esfuerzo de 15.691 penados».

En Teruel, a finales de 1938 se crearon varios destacamentos, empezando por el de Utrillas. Más tarde le siguen, en la segunda mitad de 1939, los batallones n.os 51 y 171 de Teruel capital y posteriormente, en los años cuarenta, los de Griegos, Torrevelilla, Rudilla, Híjar y sin una identidad legal el de Celadas, un grupo de reclusos con «domicilio» en la cárcel de Teruel.

En principio, la redención de penas establecía la reducción de un día por cada día trabajado para aquellos trabajadores con «un rendimiento real no inferior a un obrero libre». La selección de los presos se realizaba según la condena, teniendo preferencia aquellos con condenas «leves» inferiores a los 12 años.

En la provincia hubo trabajadores penados, sin formar unidades oficiales de trabajo, dedicados a reconstruir el ferrocarril Central de Aragón y a la construcción del Val de Zafán en plena Guerra Civil. No se conoce el número de los empleados.

Cronología de los batallones de trabajadores y de los destacamentos

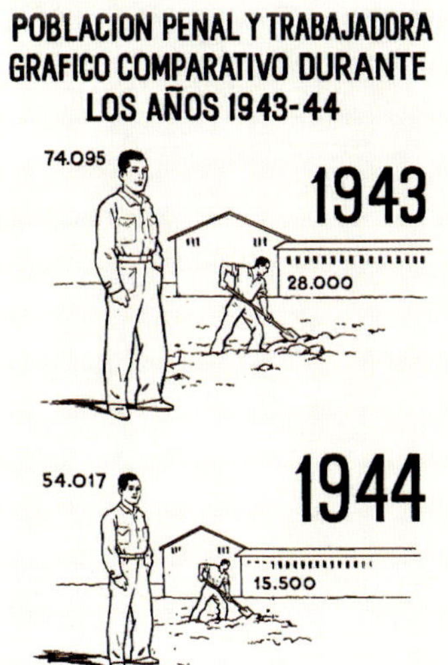

Gráfico comparativo de la población penal en España.

De casi todos ellos se tiene noticia de la fecha del inicio de sus trabajos, pero se desconoce con exactitud cuándo llegó su final. Como fecha de referencia general, salvo los casos de Utrillas y Teruel, el resto iniciaron sus trabajos en los años cuarenta del siglo pasado tras la adopción de sus localidades. También es verdad que los batallones, según el sistema de redención de penas, fueron reduciendo sus efectivos con el tiempo. Es interesante la lectura del *Boletín Oficial del Estado*, donde aparecen largas listas de presos que obtenían la libertad provisional desde «su» batallón de trabajo entre 1943 y 1946.

A mediados de marzo de 1938, las autoridades franquistas controlaron las minas y una semana después designaron a un ingeniero «para que se desplace a las minas recientemente liberadas de la cuenca minera de Utrillas e informe rápidamente del estado en que se encuentran las minas y acerca de las medidas que considere oportuno deben adoptarse para obtener la máxima producción...». La urgencia del Gobierno franquista demostraba el interés por reanudar inmediatamente la extracción del lignito, cosa harto difícil por la situación de las instalaciones (Anexo I). Es por ello que el primer batallón que inició su andadura fue el de Utrillas. La fecha de la llegada de trabajadores presos fue finales de 1938. Se dice que el cierre del destacamento se produjo en 1944, sin embargo, se puede retrasar hasta 1946 porque durante tres años (1943-1946) salieron en libertad provisional varias decenas de presos según el BOE. Por ejemplo, en enero de 1946 se concedió la libertad provisional a tres trabajadores. El otro destacamento minero, el de la Carbonífera, seguramente fue más tardío porque aparece unido al inicio de la explotación de la mina La Duquesa, que habría sido puesta en marcha en el año 1941 sin haber sufrido destrucción bélica.

El destacamento de Teruel fue el que tuvo una duración más larga, porque a mediados de 1939 inició su actividad, llegando hasta los años cincuenta. También es verdad que las tareas a realizar eran de mayor envergadura, por lo que el final pudo estar en torno a 1957.

En Híjar la adopción fue bastante tardía, consecuencia de lo cual fue que el destacamento iniciase tarde los trabajos, en 1942, tres años desde el final de la guerra. Para entonces muchos hijaranos ya habían ini-

Derribo y descombro de la calle
de la Cruz, en Torrevelilla, s. f.

ciado la reconstrucción de sus viviendas. Sorprende que este batallón se clausurase en abril de 1943, tan pronto, según datos del libro de servicio del Archivo Histórico de Zaragoza, con lo que la vida del destacamento de Híjar habría sido de apenas un año. No obstante, las obras de reconstrucción continuaron en años sucesivos.

El caso de Rudilla también sorprende porque parece que su duración fue muy efímera, ya que habría estado activo los años 1942 y 1943. Se desconocen las razones de esta brevedad, que seguramente no sirvió ni para desescombrar la localidad.

En Torrevelilla, al iniciarse con más retraso aún los trabajos, perduraron más en el tiempo y a finales de octubre de 1949 las obras seguían con derribos y con la construcción de la iglesia de nueva planta. No se sabe si en ese momento todavía funcionaba el batallón.

Trabajadores en los batallones de trabajadores, número y procedencia

Integrantes de los batallones de trabajadores

La variedad de personas que pasaron por ellos fue considerable. En primer lugar, prisioneros de guerra capturados por el ejército franquista y trasladados a campos de concentración para una primera clasificación. Así, en febrero de 1939, la comisión de Córdoba solicitaba información al gobernador de Teruel sobre «antecedentes para proceder a la clasificación» de varios penados de la provincia. También hubo militantes de partidos políticos republicanos y/o de sindicatos. Presentaban expedientes de antecedentes político-sociales como «desafectos» o «contrarios al Movimiento Nacional». Otros trabajadores fueron obligados porque se les prolongó de forma arbitraria el servicio militar al concluir la guerra. Un último grupo es el de aquellos militantes republicanos que fueron sometidos a consejos de guerra y que fueron condenados a varios años de reclusión.

Trabajadores de Teruel

Hubo turolenses en los batallones según un legajo fechado el 28 de marzo de 1939, con datos importantes como el censo de población de los 289 municipios de la provincia antes del 18 de julio de 1936 y al final de la guerra; el número de personas desaparecidas, fusiladas, etc., pero cabe subrayar la cantidad de vecinos de cada pueblo integrados en algún batallón, que hasta finales de marzo de 1939 era de 461 turolenses. Posteriormente se incorporarían más.

Según el CUADRO 3, era el llamado Bajo Aragón histórico, con los pueblos de los partidos judiciales de Alcañiz, Híjar y Valderrobres, el que mayor número de trabajadores aportaba en esos momentos a los batallones, aunque no hay datos de cuáles fueron sus destinos.

Desescombro de la iglesia de San Juan de Teruel, 1938.

CUADRO 3

Localidades de Teruel con más de 10 penados en los batallones de trabajadores	
LOCALIDADES	NÚMERO DE PENADOS
Valderrobres	47
Torrevelilla	35
Albalate «El Luchador»	35
Fuentes de Rubielos	25
Vinaceite	23
Mosqueruela	20
Aguaviva	17
Andorra	12
Alcorisa	12
La Hoz de la Vieja	12
Fuentes Calientes	11

FUENTE: AHPT.

Trabajadores penados en los batallones

Es difícil calcular el número de trabajadores, la gran mayoría penados, obligados a trabajar en la provincia en la posguerra levantando inmuebles o habilitando viviendas. Es incluso aventurado realizar una aproximación. Hay listas de trabajadores de los batallones de Teruel (ANEXO II), Celadas o Griegos (ANEXO III), y parciales de Utrillas (ANEXO IV). En otros casos, son relaciones sin diferenciar entre trabajadores libres y penados. Dos ejemplos claros son el de Sarrión y el de Torrevelilla, donde hubo trabajadores penados de los dos grupos, pero con listados comunes, lo

Reconstrucción del ayuntamiento de Celadas, 1941.

CUADRO 4

Trabajadores en batallones y destacamentos en Teruel, 1938–1948	
BATALLONES Y DESTACAMENTOS	N.º DE PRESOS / TRABAJADORES*
Batallón n.º 51, Teruel	23
Batallón n.º 171, Teruel	222
Batallón n.º 21, Griegos	58
Destacamento penal, Utrillas	450
Destacamento penal «Barranco Malo», Montalbán	150
Destacamento penal, Híjar	50
Destacamento penal, Rudilla	40
Destacamento penal, Torrevelilla	50
Destacamento penal, Valmuel	50
Penados en Teruel y en Celadas	34
TOTAL	1.127

FUENTE: Elaboración propia a partir de diferentes procedencias.

* Es un número aproximado, dependiendo de momentos y fechas.

que dificulta el recuento. Además, tanto en Sarrión como en Alcañiz o Albarracín, pese a ser adoptados y presentar un grado elevado de destrucción, no se constituyeron batallones, con lo cual es más difícil saber cuántos penados hubo.

En el CUADRO 4 se observa el número de trabajadores penados en la provincia en la década de 1938-1948, que superó con creces el millar (1.127), cantidad aproximada a la real. Es decir, solamente en estas unidades de trabajo.

Juan Carlos García-Funes apunta que pudo haber alrededor de 2.000 trabajadores en los batallones de la provincia y es posible que fuera así, más cuando Isidro Calvo afirmaba en 1939 que ya habían llegado 700 presos trabajadores a Teruel, pero solo se han recogido aquellas informaciones de las que hay documentación escrita. También es posible que esos trabajadores que cita Calvo no estuvieran encuadrados en los batallones. No obstante, albergar esa cantidad de trabajadores en Capuchinos hubiera sido casi imposible.

El destacamento con mayor número de trabajadores penados fue el de Minas y Ferrocarriles de Utrillas, con amplia ventaja sobre el resto. Entre las dos empresas mineras de Teruel trabajaron en torno a los 600 penados, que suponían más del 50 % del total de trabajadores asignados a la provincia. En Torrevelilla, Rudilla, Híjar o Griegos los grupos fueron formados con el mínimo de trabajadores que se exigía (40-50).

Procedencia de los trabajadores

Respecto al origen de los obreros traídos a la provincia de Teruel, una tierra desconocida, en el batallón n.º 21 de Griegos la gran mayoría procedía de pueblos de la provincia, como Bronchales, Montalbán, Oliete, Estercuel, y algunos de la de Zaragoza. No se sabe si era una unidad fija trasladada a varias localidades. La mayor parte habían sido represaliados por el régimen (algunos militantes de UGT y CNT) y sometidos a consejos de guerra.

En Torrevelilla, según el libro de matrícula de operarios del Archivo Histórico de Zaragoza, muchos eran del Bajo Aragón, de Alcañiz sobre

Batallón de trabajadores n.º 21 de Griegos.

todo o del mismo Torrevelilla, donde había un grupo numeroso que habían sido condenados o con antecedentes. Junto a ellos figuran otros del Matarraña como Valdealgorfa, Fuentespalda y La Fresneda.

En el caso de Utrillas, los integrantes del destacamento penal habían llegado desde Miranda de Ebro (Burgos), pero, claro, procedían de otras provincias. En una lista parcial aparecían mineros de Almería, Murcia, Córdoba, Palencia y un buen número de la provincia. Los 150 trabajadores de la Carbonífera de Palomar también vendrían del mismo lugar, Miranda de Ebro, pero no se puede asegurar pues al menos un grupo de 17 trabajadores procedía de la cárcel de Teruel.

Del destacamento penal de Teruel (batallones n.os 51 y 171) hay escasa información, pero figuran trabajadores de algunas localidades de la franja levantina como Valencia, Tarragona, Barcelona o Alicante, junto a otros de la zona centro como Guadalajara o Madrid. Se ignora la procedencia de los trabajadores de Híjar y Rudilla.

El destacamento penal de Teruel capital: batallones n.º 51 y n.º 171

Estos sumaban 245 trabajadores al inicio de los años 40, a los que habría que sumar otros tantos libres. El batallón n.º 171 trabajaba en las calles en el último trimestre de 1939 porque el jefe, Ciriaco López, firmaba un recibí el 13 de abril de 1940: «He recibido de la Pagaduría de la Comisión de Reconstrucción de Teruel la cantidad de 22.022,40 pesetas por el importe devengado por el Descombro de la ciudad por los peones prisioneros de este batallón de trabajadores cuyos nombres se indican en la relación adjunta del mes de diciembre del pasado año de 1939». Estos trabajadores no eran personas anónimas, sino que tenían nombres y apellidos. Entre los datos personales recogidos, eran en su mayoría (130) solteros, mientras que 91 figuraban como casados y uno viudo. Casi todos aparecen con la categoría profesional de peones.

Según el CUADRO 5, casi un 90 % tenía la catalogación profesional de peones, mientras que solo una minoría, alrededor del 10 %, presentaba una especialización profesional: carpinteros, fontaneros, etc.

Escombros en las calles de Teruel.

CUADRO 5

Categorías profesionales en el batallón n.º 171		
CATEGORÍA PROFESIONAL	NÚMERO	PORCENTAJE
Peones	198	89,18%
Albañiles	6	2,70%
Electricistas	3	1,35%
Fontaneros	3	1,35%
Herreros	6	2,70%
Carpinteros	6	2,70%

FUENTE: Elaboración propia a partir de la documentación de Regiones Devastadas (AHPT).

CUADRO 6

Variación del número de reclusos en los batallones de Teruel capital	
FECHA	RECLUSOS
1940 (julio)	190
1941 (enero)	225
1941 (julio)	220
1942 (enero)	200
1942 (julio)	270
1943 (enero)	240
1943 (julio)	220
1943 (diciembre)	120

FUENTE: Elaboración propia a partir de la documentación de Regiones Devastadas (AHPT).

En cuanto al n.º 51, su participación en las obras debió de ser temprana. Estaba integrado por 23 trabajadores, una cantidad muy reducida comparada con otras unidades de trabajo que se formaron en España. El jefe era Antoliano González Pindado, guardia de escolta, que recibía el 13 de abril de 1940 la cantidad de 2.146,40 pesetas «por los jornales devengados en la reconstrucción del cuartel de esta capital por los peones, albañiles etc. prisioneros de este Batallón de Trabajadores, cuyos nombres se indican en la relación adjunta correspondiente al mes de diciembre de 1939». Se refiere a la reconstrucción del «cuartel» de la calle San Francisco, mientras que el n.º 171, más numeroso, se dedicó al descombro, lo que parece indicar, solo como hipótesis, una especialización, de tal manera que el primero pudo realizar obras de rehabilitación de inmuebles por su mayor profesionalización, mientras que el segundo, más numeroso, pudo dedicarse al descombro.

Ruinas de la iglesia del convento de Santa Clara de Teruel.

CUADRO 7

Categorías profesionales en el batallón n.º 51

CATEGORÍA PROFESIONAL	NÚMERO	PORCENTAJE
Peones	8	34,77 %
Albañiles	2	8,69 %
Electricistas	—	—
Canteros	1	4,34 %
Herreros	5	21,73 %
Carpinteros	7	30,43 %

FUENTE: Elaboración propia a partir de datos de Regiones Devastadas (AHPT).

Derribo de muros y el eterno descombro

El descombro de forma sistemática comenzó tarde, con lo que los vecinos tuvieron que compartir su vida con los escombros durante meses. La batalla de Teruel concluyó el 23 de febrero de 1938 y hasta la segunda mitad de 1939 no hubo un presupuesto para retirar los escombros.

En Rudilla, un pueblo pequeño, se elaboró en junio de 1945 un presupuesto elevado de 173.095,26 ptas. y «para ello se han tenido en cuenta los escombros actuales y los que se han de producir por el derribo de los edificios ruinosos». Se transportaban al vertedero mediante «un volquete con dos caballerías», cuyo precio unitario era de 56,45 ptas. para

CUADRO **8**

Trabajos realizados por los penados de Teruel

Fortificaciones	Presos del seminario. Construcción de defensas (agosto de 1936)
Prisiones	Batallones n.ᵒˢ 51 y 171 de Teruel. Habilitación de Capuchinos. Valmuel
Infraestructuras ferroviarias	Construcción del Val de Zafán y reconstrucción del Central de Aragón
Minería	Destacamento en Minas y Ferrocarriles de Utrillas y Carbonífera de Palomar. Puesta en marcha de las minas
Obras en edificios religiosos	Batallón n.º 21 de Griegos, n.ᵒˢ 51 y 171 de Teruel, destacamentos de Torrevelilla, Rudilla e Híjar
Trabajos agrícolas	Regadíos de Alcañiz. Destacamento de Valmuel
Obra/reconstrucción urbana	Batallones n.º 21 de Griegos, n.ᵒˢ 51 y 171 de Teruel, destacamentos de Torrevelilla, Rudilla e Híjar. Penados en Albarracín, Alcañiz y Sarrión

FUENTE: Elaboración propia a partir de diferentes procedencias.

Ruinas del seminario de Teruel desde la vega del río Turia.

el volquete y 10,80 para el volquetero. El descombro fue realizado fundamentalmente por los trabajadores de los batallones y, gracias a ellos, las calles se vieron libres de aljeces y otros materiales para poder iniciar la reconstrucción y, sin embargo, el tema se olvida, da la impresión de que se empezó a construir inmediatamente después de la guerra y eso no es cierto: antes había que limpiar las calles. Fue la tarea más dura, tenaz y costosa realizada por los trabajadores de los batallones y destacamentos. Parecía interminable. En Griegos, en 1948, todavía existían zonas con escombros.

Se cuenta que cuando Franco visitó Teruel, en junio de 1953, todavía había escombros que hubo que ocultar con grandes lonas para que no los viera. Algunos inmuebles se hundieron debido a excavaciones subterráneas que se habían hecho para construir refugios o porque el derribo de una vivienda hacía demoler la de al lado, con el incremento de escombros y de dinero que hizo que la reconstrucción se eternizase. Lo contaba el jefe de obras en el mes de enero de 1940: «La práctica nos ha demostrado la dificultad en el cálculo del descombro, sin contar las casas que parecían en buenas condiciones, que al faltar las de los lados, se ha manifestado en ellas ruina inminente, lo que ha motivado su demolición».

Descombro en Celadas, 1941.

Allanegui apuntaba otro gran problema, que era «emplear para el transporte camiones con falta de repuestos» y la «pérdida de tiempo que suponía el reparar las ruedas aunque solamente fuera un pinchazo». También la falta de gasolina retardó los trabajos varios meses. En noviembre de 1940 el arquitecto jefe advertía de que «la gasolina suministrada pueda atender esta necesidad, ya que, desde el mes de agosto, debido a la reducción del cupo de combustible, hubo necesidad de suspender totalmente los trabajos de descombro». En algún momento se hablaba de tracción animal en los contratos con empresarios del transporte, esto es, el traslado de los escombros mediante carros tirados por mulos.

En la capital se concentraba la mayor cantidad de escombros, aunque un análisis proporcional con Celadas y Sarrión nos podría dar otro resultado. Al final del verano de 1939 se inició el desescombro de Teruel, y según el arquitecto Fornier «en mayo de 1940 se alcanzó un volumen de 15.783 m³, para lo que se emplearon 12.470 jornales y fueron necesarios 10.522 portes». José Manuel López insiste también en el «tardío desescombro de los restos de la iglesia de Santiago y del seminario. Concretamente hasta 1951 no se realizará el desescombro total de la iglesia de Santiago y parte de Santa Clara [...] 12 años del final de la Guerra Civil. Otro tanto cabría decir de la limpieza del Seminario, en su segunda fase, que se llevará a cabo en 1950 y hasta 1957 no se desescombran los solares de Yagüe de Salas y calle Amantes». La gran masa de los escombros sirvió para el relleno de un barranco, «proporcionando un paso a la meseta del lado opuesto, en la que se proyecta una ampliación del actual Ensanche».

Esta destrucción también se podía observar en Griegos a través de las fotografías de Regiones Devastadas, o en las imágenes correspondientes de Celadas o Sarrión, por poner otros ejemplos. En Griegos los escombros alcanzaban unos 5.000 m³, que «han de transportarse al vertedero». El batallón n.º 21 empezó a trabajar en marzo de 1941 en tres fases similares a las de otras localidades: 1) demolición de los muros no aprovechables y todavía en pie; 2) acarreo con espuertas del escombro del interior de las manzanas al «perímetro» depositándolo en el camión y

Ruinas de la iglesia del seminario con la torre de San Martín al fondo.

3) transporte en camión al vertedero situado a unos 700 metros del pueblo. La escasez de gasolina condicionó el desescombro de Griegos, pues el «cupo» que le correspondía era muy pequeño, además de escasear los repuestos como cubiertas o cámaras para los vehículos. Pero, sobre todo, se afirmaba que «[ni] en el pueblo, ni en los próximos existen carros además de escasear el ganado de tiro».

Construcción de cárceles para presos

La llegada de mano de obra a Teruel fue todo un reto por cuanto que había que dar alojamiento y manutención a cientos de trabajadores penados, por las dificultades existentes en la posguerra más la inexistencia de lugares apropiados para encerrar a los llegados.

En el caso de los cientos que llegaron a las Cuencas Mineras, se desconoce el lugar donde fueron internados, pero posiblemente fueran parideras, pajares... El de Valmuel es un caso aislado, diferente y anterior

Trabajadores penados en Rudilla.

cronológicamente. Según Pedro J. Bel, los presos derechistas internados en diciembre de 1936 por el Gobierno republicano «habrían sido los constructores de unos barracones para su alojamiento y una torre de vigilancia para su control. Los barracones estaban construidos con paredes de ladrillo y tejadillos de uralita y, en cada uno de ellos, se alojaban 25 o 30 presos. Allí hubo una población reclusa flotante de entre 150 y 200 presos». Ocupado el campo por el ejército franquista, los barracones volvieron a utilizarse, pero esta vez con trabajadores republicanos. Tanto unos como otros debieron de ocuparse en la construcción de regadíos. Pues bien, este sería el primero y el único batallón que dispuso de unas instalaciones nuevas y construidas ex profeso.

En Teruel la prisión provincial de la Andaquilla presentaba unas condiciones constructivas e higiénico-sanitarias desastrosas, a lo que hay que sumar los efectos de los bombardeos de la guerra, que acabaron casi por completo con el edificio carcelario. Regiones Devastadas habilitó el convento de Capuchinos como cárcel en 1940 para albergar a los presos llegados de otros lugares. «Los P. Paules de Teruel usufructuarios de la Casa Misión de S. Vicente Paúl, en atención a las necesidades de la Patria y a petición de RRDD (Comisión de Teruel) consienten en que el edificio y el huerto anejo sea dedicado a los fines que crean conveniente y se hagan las modificaciones oportunas. Se deja al beneplácito de dichas Autoridades señalar las rentas que su alquiler deba producir...».

En un informe se decía que Capuchinos era «el único que se encuentra en condiciones de ser utilizado, previos arreglos por los destrozos bélicos y su distribución adecuada para albergar un contingente elevado de reclusos con las dependencias accesorias como oficinas, personal de guardia etc.». Fueron los propios presos los que realizaron la habilitación, tal como afirmaba Isidro Calvo: «Esta reparación la van haciendo los mismos reclusos a medida que van llegando...». Esta fue la primera obra que realizaron los componentes del destacamento de Teruel. Calvo las detallaba: instalación de lavabos, retretes a la turca, duchas, cocina, etc., junto a dependencias para oficinas o la guardia militar.

En el caso de Rudilla se conoce la existencia de «pabellones» para presos trabajadores en noviembre de 1942 que eran controlados por cuatro personas, aunque no se sabe de qué tipo de «pabellones» se trataba ni quiénes los habían construido. En algunas de las páginas del libro de registro del destacamento se habla de una «paridera» y del «barracón de las Escuelas Nuevas».

Construcción de viviendas para maestros en Celadas, 1942.

Construcción de escuelas y casas para maestros

La República intentó dar solución a la falta de escuelas en la provincia mediante una política educativa decidida a mejorar el hacinamiento de las aulas, por lo que promovió la construcción de edificios escolares. No fue suficiente y el problema seguía ahí sin solución. Llegada la guerra, pese a las diferentes evacuaciones, todavía era necesaria la elevación de escuelas para atender a una ingente cantidad de niños y niñas. El alcalde de Celadas, por ejemplo, justificaba la construcción de tres escuelas porque «el número de niños y niñas en la localidad era de 180».

Varios municipios como Rudilla situaban las escuelas dentro del edificio consistorial, que estaba medio destruido, y destacaban las deficientes condiciones higiénico-sanitarias de los recintos escolares, por lo que demandaban inmuebles de nueva planta.

El programa de construcción de escuelas fue el que más se cumplió, aunque sin cubrir las necesidades. Varios municipios como Griegos, Celadas o Albarracín construyeron a duras penas edificios escolares de una sola planta junto a casas para maestros. A esta actividad se dedicaron cantidades importantes como es el caso de Celadas, donde se invirtieron 196.106,22 pesetas.

En Teruel se levantó, en pleno centro de la ciudad, y se inauguró en 1953 un nuevo colegio con el nombre de Juan Espinal, inspector afincado en Teruel e integrado en una comisión de depuración de maestros.

Vista general y entrada de las nuevas escuelas construidas en Celadas, 1942.

Reconstrucción y elevación de nueva planta de edificios religiosos

El decreto de creación de Regiones Devastadas ya reconocía que el Estado se iba a encargar de la reconstrucción y/o restauración de los inmuebles de la Iglesia que habían sido afectados por la guerra, y en cuya labor participaron los batallones de la provincia. Los bienes de la Iglesia, principalmente ermitas e iglesias, y de las órdenes religiosas gozaron de preferencia para ser reconstruidos frente a los civiles, dada la confesionalidad católica del nuevo régimen. Grandes cantidades de dinero se invirtieron en restaurar ermitas, elevar templos y adquirir imaginería religiosa. Algunos ejemplos fueron la construcción de iglesias o inmuebles de nueva planta, como el seminario de Teruel o la parroquial de Torrevelilla, así como el colegio de las Terciarias Franciscanas de Teruel; y la restauración de una parte de los edificios que habían sufrido los efectos de la guerra, como la techumbre de la catedral de Teruel, las iglesias de Santa Clara y San Andrés, el templo gótico-renacentista de Santo Domingo de Silos de Celadas, la parroquial de Griegos, la iglesia de San Pedro de Sarrión, etc.

Casa del Partido y de los Sindicatos

Tras el triunfo en la guerra, el nuevo régimen tenía que asentarse, y para ello se planteaba la edificación de inmuebles nuevos en diferentes municipios donde instalar la sede de Falange, que era el único «partido» autorizado. Una de las «necesidades» de carácter político con diversos nombres (Casa del Partido, Casa del Frente de Juventudes, Casa de Falange) era la construcción de ese inmueble como sede de Falange Española y de las Juventudes Nacional Sindicalistas (FET de las JONS). En el caso de Teruel, los jefes franquistas propusieron su construcción en el solar que ocupaba antes el seminario, pero la oposición frontal del obispo hizo fracasar el proyecto.

En Híjar, cabeza de partido judicial, el alcalde justificaba la necesidad de un edificio de nueva planta por encontrarse en la localidad las «sedes comarcales de diferentes servicios de la FET de las JONS».

Interior de la catedral de Teruel tras la batalla.

Diferente fue la propuesta del Ayuntamiento de Torrevelilla que, además de la elevación de la «casa del partido», proponía «la construcción de un panteón a los caídos y una Cruz dedicada a los muertos por Dios y por España y por la Revolución Nacional Sindicalista». Al final, la mayoría de estas propuestas no se llevaron a cabo.

Rehabilitación de viviendas

Una de las tareas de los penados de los batallones fue la de rehabilitar viviendas de particulares. Estos trabajos, promovidos por Regiones Devastadas, tuvieron lugar en viviendas del Ensanche de Teruel y en varios de los pueblos afectados. No se trataba de viviendas nuevas, sino de reconstruir las ya existentes. El alcalde de Rudilla en junio de 1940 subrayaba la «necesidad de rehabilitación de viviendas para que puedan acudir al pueblo los vecinos que a causa de la destrucción y de la guerra se encuentran fuera de él y para mejorar la situación de los que se encuentran en él».

Sorprende el caso de Celadas, en el que se rehabilitaron un buen número de viviendas particulares, tal como se reflejó en los gastos del presupuesto: 416.192,75 pesetas frente a las 476.093,94 dedicadas a nuevas viviendas.

En Torrevelilla, el alcalde afirmaba sin embargo que «no se aconsejaba la habilitación urgente de viviendas ya que no es posible aprovechar los restos que actualmente quedan en pie. Por el contrario, es aconsejable demoler las viviendas que han sido afectadas y la construcción en su lugar de nuevas viviendas que reúnan las mínimas condiciones de seguridad e higiene».

Glorieta, viaducto y Ensanche de Teruel, 1953, tarjeta postal.

Casa de la carretera de Alcañiz, n.º 5 y autoridades, 1945.

Sea como fuere, lo cierto es que la habilitación de viviendas privadas fue una tarea en la que los trabajadores penados se vieron involucrados, cuando sus alojamientos («sus viviendas») presentaban unas condiciones penosas.

Construcción de nuevas viviendas

Las autoridades franquistas, pese a la euforia, reconocían la existencia de escasez de viviendas tanto de tipo modesto como de tipo «funcionario». Este hecho «movió al Excmo. Sr. director general a la redacción de un proyecto de construcción de viviendas en la zona de Tras el Mercado en terrenos propiedad de RRDD, así como la urbanización de la plaza interior resultante...». Este texto es de la Memoria realizada por Allanegui para esas viviendas en enero de 1955, esto es, 16 años después del fin de la guerra. Las autoridades franquistas admitían que el problema de la vivienda no se había resuelto. Este fue el gran fracaso de Regiones Devastadas, quizás condicionado por el desescombro, dado que el coste de las viviendas era elevado.

En Torrevelilla, en el informe del alcalde de enero de 1942 se afirmaba que «por causa de la guerra se encuentran muchas personas sin albergue viviendo en la actualidad hacinadas siendo de suma necesidad la cons-

Inauguración de viviendas nuevas en la actual carretera de Alcañiz, 1945.

trucción de un grupo de esta clase de viviendas», e incluso llegaba a dar la cantidad de 350 personas sin vivienda.

En la capital, la población había sido evacuada hacia Levante. En un informe se decía que había perdido el 97,46 % de la población, una cantidad desorbitante. Finalizada la guerra, empezó el regreso a la capital de turolenses que se encontraron con su casa destruida y con la necesidad de un lugar para alojarse. Según testimonios orales, la necesidad de viviendas era acuciante y urgente. La empresa más ambiciosa fue levantar viviendas en las Cuevas del Siete, donde se construyeron 152 (grupo Generalísimo) de nueva planta, aunque la obra completa finalizó en torno a 1955, fecha tardía para las necesidades urgentes de la población. Las primeras 11 viviendas se entregaron en 1942 y salieron al mercado con el pago de un alquiler de 50 pesetas mensuales. Construidas las viviendas, se adjudicaban a familias relacionadas con el régimen político. Otro proyecto de viviendas se situó en torno a la calle de Valencia, para

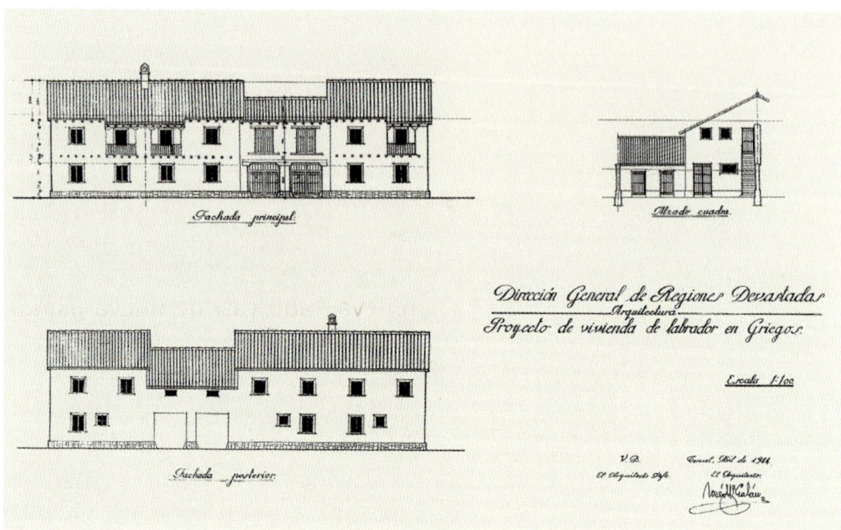

Proyecto de vivienda de labrador en Griegos, 1944.

lo que hubo que realizar la expropiación de varios solares en esa zona. El grupo de viviendas al final de la calle San Francisco, conocido como La Colmena, también se concluyó, pero muy tarde, ya en los años sesenta del siglo pasado.

Fue en los municipios de la provincia donde la construcción de viviendas fue más frustrante aún. Las expectativas eran elevadas y en ello trabajaron los batallones, pero los resultados fueron muy exiguos. Dos ejemplos significativos son Griegos, donde de 60 viviendas previstas solo se construyeron 11, mientras que en Celadas, de 77 proyectadas, solo se elevaron 6. En Alcañiz se proyectó la construcción en 1949 del grupo de viviendas José Antonio, pero se aplazó hasta ya entrados los años 50.

Cuarteles y ayuntamientos

El final de la guerra debería haber significado la consecución definitiva de la paz entre los españoles, pero el régimen franquista no se fiaba de la nueva situación y de que hubiera levantamientos armados como ocurrió con el maquis. Este hecho debió de influir para que se plantease la construcción de cuarteles de la Guardia Civil de gran tamaño en zonas geográficas estratégicas donde preocupaba la existencia de riesgos como Sarrión, Albarracín o Torrevelilla, en los que trabajaron seguramente trabajadores penados. Fueron obras de gran envergadura que consumieron gran cantidad de recursos económicos y que pronto se vio que eran excesivas. Los dineros empleados en su elevación bien podían haberse empleado en viviendas, las cuales eran más necesarias.

También se promovió la reconstrucción o restauración de casas consistoriales en mal estado por la guerra, como el ayuntamiento de Sarrión, levantado casi de nueva planta, mientras que otros, como el de Griegos, no llegaron a construirse pese al proyecto existente.

Construcción de regadíos

A partir de 1940 se debieron continuar los trabajos de construcción de regadíos en Valmuel, barrio pedáneo de Alcañiz, que concluirían, según diversas informaciones, a finales de 1943. Para ello se constituyó un batallón de 50 trabajadores, cuyo director fue Santiago Martínez Martínez. Su actividad principal fue la construcción de regadíos, aprovechando el agua de la Estanca y llevarla a Valmuel. Así, en julio de 1941 el régimen franquista inauguró las obras de riego de Valmuel para poner en regadío más de 3.000 ha de terreno con un elevado presupuesto. El

Fachadas principal y lateral del cuartel de la Guardia Civil de Sarrión, 1947.

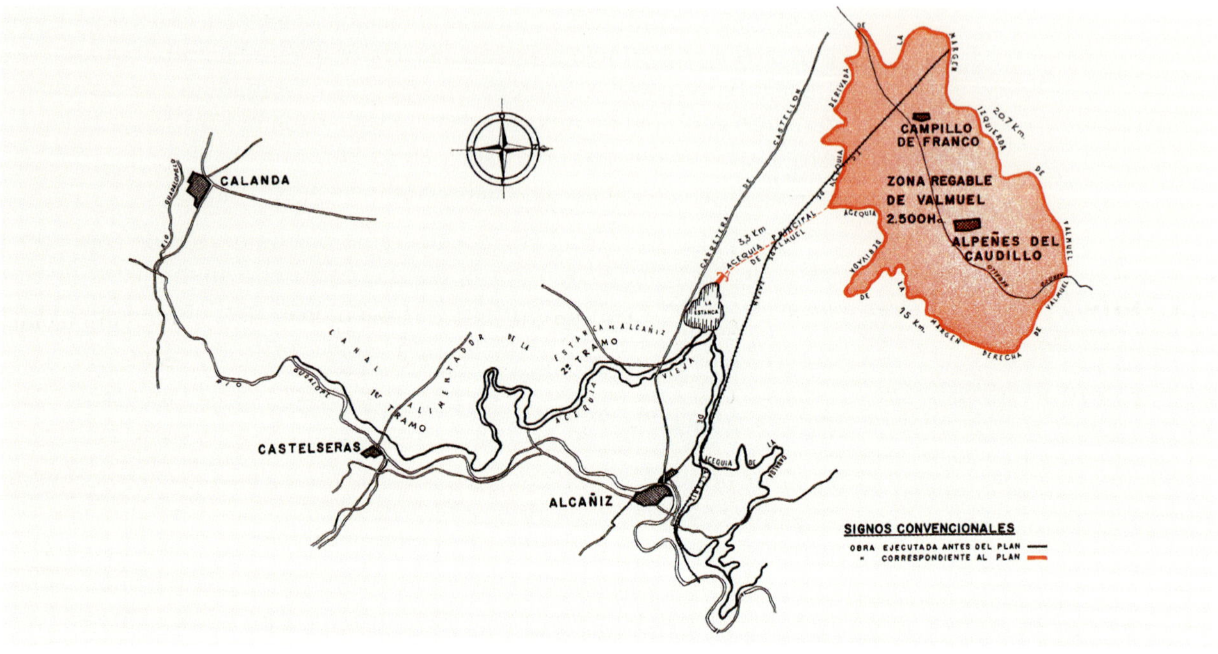

Mapa de la zona regable de Valmuel. INC-CHE, *Regadíos de Valmuel, Alcañiz*, tríptico informativo, 1958.

proyecto de regadío ya había sido iniciado al principio de la Guerra Civil (diciembre de 1936) por el Gobierno republicano con presos derechistas.

Reconstrucción o reparación de ferrocarriles

También hubo trabajadores penados que estuvieron completando el ferrocarril conocido como el Val de Zafán, que se había iniciado a finales del siglo XIX. Estos trabajos se continuaron bajo la dictadura de Primo de Rivera y durante la Guerra Civil. La idea de la aceleración en la construcción de esta línea férrea empleando presos republicanos se debió a la utilidad y rentabilidad militar para el transporte de tropas y material bélico, especialmente durante la batalla del Ebro. En el mes de abril de 1938 ya estaban abiertos 20 km de línea, entre Alcañiz y Valjunquera; unas semanas después, en junio, se finalizó el tendido de vía del tramo que llegaba hasta Pinell. Esta prolongación coincidió con el avance de las fuerzas franquistas en Aragón.

También se emplearon trabajadores republicanos y penados en la reparación de otro ferrocarril, el Central de Aragón, que sufrió bastantes desperfectos a lo largo de la guerra.

Régimen y condiciones de los presos trabajadores

El control de los presos trabajadores

Durante su horario laboral, el control correspondía al ejército, tal como decía el gobernador el 21 de enero de 1941: «El servicio de escolta y vigilancia lo presta el Ejército [...] rogándole que ordene a las fuerzas a sus órdenes que prestan este servicio la mayor severidad en su cometido».

En la capital los presos salían de Capuchinos organizados en cuadrillas para desplazarse a los diferentes tajos de la ciudad al aire libre, lo que constituía un riesgo de evasión. Menor era seguramente en los pueblos, donde también se trabajaba en el exterior, ya que los espacios eran más reducidos.

El responsable de Regiones Devastadas, Isidro Calvo, en noviembre de 1941 solicitaba al gobernador «la autorización para que sea permitida la salida a los reclusos de Capuchinos los domingos y días festivos, una vez

A LA IZDA.: Casino de Teruel después de la batalla, lugar en el que trabajaron los presos. Y A LA DCHA.: El casino reconstruido, plaza del General Varela, 1950.

cumplidas las obligaciones y los preceptos de la Santa Misa...». Se pedía la autorización solo para un grupo dependiente de ellos, pero lo cierto es que las medidas de control se habrían relajado. De ahí que el general jefe de Aragón manifestara su disconformidad con la situación en un oficio «secreto». Respecto a «los reclusos de redención de penas por el trabajo que existen en Teruel, que trabajan en RRDD y que no dependen de mi Autoridad» afirmaba que «los encargados de su custodia y vigilancia tienen excesiva tolerancia, permitiéndoseles la libre circulación por la población, su entrada en casas de lenocinio, su reunión y conversaciones con elementos izquierdistas de la plaza. Como esta actuación la considero peligrosa, dada la permanencia en Teruel de Unidades de Trabajadores que de mí dependen y a los cuales he ordenado activen la custodia y vigilancia; lo pongo en conocimiento de V.E. rogándole haga a los Jefes de los reclusos las advertencias y prevenciones que crea conveniente para evitar que continúe la excesiva libertad que actualmente tienen».

Pese a estas normas de control, hubo casos de fugas, como la de tres prisioneros de Teruel «evadidos de los tajos donde trabajaban», dos de ellos condenados a 20 años de cárcel y el tercero a 15. El director de la prisión lo comunicó al gobernador el 22 de agosto de 1941.

En el batallón n.º 21 de Griegos, el control era más fácil por el menor número de trabajadores, porque el espacio era más reducido y porque los 58 componentes estaban militarizados, pues aparecen en la documentación como «soldados» separados de los trabajadores «libres». Al frente de este grupo de soldados se encontraba un sargento, que era la máxima autoridad. La estructura militar del albergue estaba clara: la parte delantera para los encargados de la vigilancia con un cuerpo de guardia, mientras que una de las dependencias estaba dedicada a los oficiales. En definitiva, un cuartel militar para el control de los soldados trabajadores.

En Utrillas el control militar fue seguramente mayor por la cantidad de trabajadores que llegaron, pues junto a ellos figuraban los militares de la custodia: dos oficiales, cinco suboficiales y treinta soldados. Pese a esta guardia, hubo fugas de penados, algunos de los cuales se pasaron al maquis.

Elegía a Túrbula, poemario de Antonio Cano dedicado a Teruel, 1941.

Libro de servicio del destacamento penal de Rudilla.

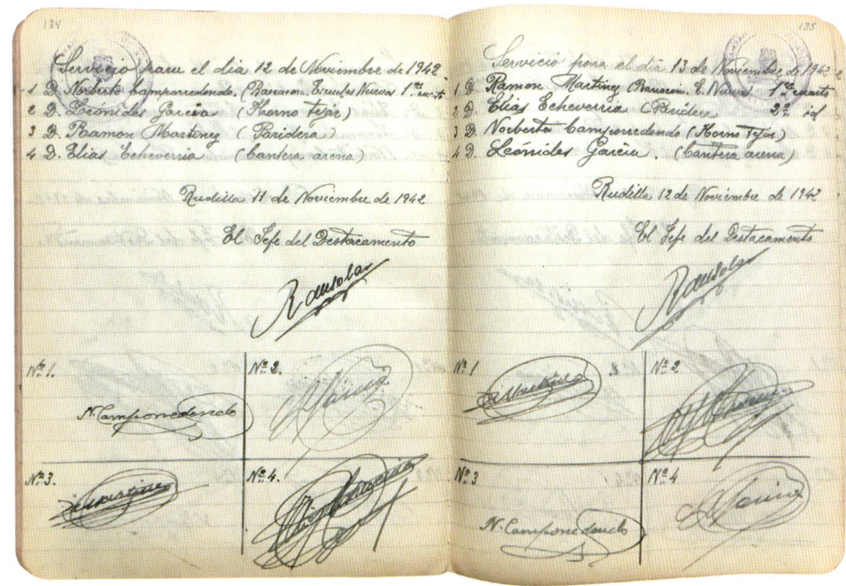

En los libros de registro de las localidades de Híjar, Rudilla y Valmuel aparecían guardianes, se supone que militares, para llevar el control de los presos trabajadores, tanto en el punto de trabajo como en los lugares de descanso.

Hacinamiento de presos

En mayo de 1939, desde la Jefatura de Prisiones se hablaba del «problema agravado de alojamiento de la población reclusa» y de que se habían agotado todos los medios para la búsqueda de locales en condiciones de habitabilidad. Era complicado encontrar lugares en Teruel para albergar a una cantidad tan elevada de reclusos. El gobernador escribía en 1939 al delegado nacional de Prisiones afirmando que «en esta provincia de mi cargo, no existe ningún local que pueda habilitarse para Prisión y los pocos Establecimientos Penitenciarios que hay, se encuentran ocupados por los muchos reclusos existentes en esta Provincia...». No es de extrañar, pues, que, finalizada la batalla de Teruel, muchos presos fueran de-

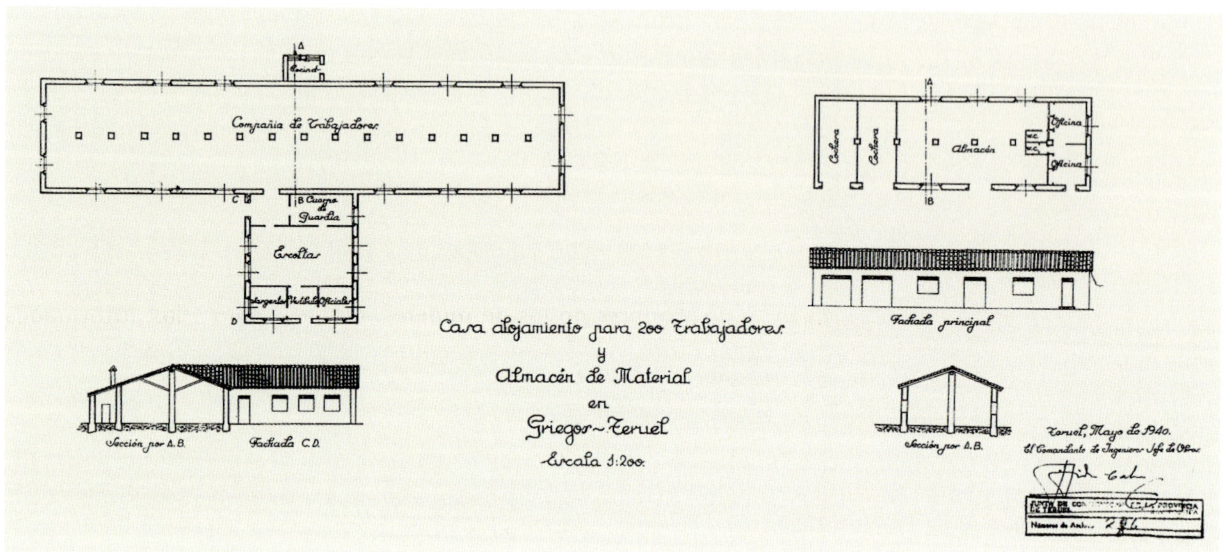

46

Proyecto de casa y almacén de material para los trabajadores de Griegos, 1940.

rivados a locales improvisados, como era la plaza de toros, o al convento e iglesia de los franciscanos.

En Griegos se preveía la construcción de una casa-campamento para albergar a 200 trabajadores-soldados, pero no se llevó a cabo nunca. Según el proyecto, iba a ser una edificación con características similares a las de otros dos pueblos adoptados, Celadas y El Campillo, con la única diferencia de que la construcción de Griegos sería de mampostería al abundar la piedra, mientras que las de los otros dos sería de tapial. En ninguno de los tres se llegaron a construir tales casas-campamento para los trabajadores, que debieron ser alojados en otros lugares con peores condiciones como pajares o parideras, donde el hacinamiento de los presos era la norma.

El director de Capuchinos, Gregorio Lasala, en 1940, escribía al director general de Prisiones y le informaba de la existencia de 445 presos varones y 17 mujeres, lo que suponía más del doble de presos dado que su aforo era de 200. La respuesta fue un oficio en el que le comunicaba que «para descongestionar la Prisión Habilitada de Teruel y cumpliendo las órdenes de la Dirección General, cuyo criterio es el de evitar además la existencia de reclusas en las Prisiones de hombres, he ordenado al Director del referido establecimiento que en lo sucesivo no se admita mujer alguna en el mismo debiendo ingresarse las que sean detenidas en la Prisión de Mujeres de Zaragoza». Posteriormente se insistía en que la cárcel de Teruel se encontraba «excesivamente hacinada de presos».

El espacio interno de Capuchinos era limitado y no se podían alojar en él cantidades elevadas de presos y más si había que separar los espacios de hombres de los de mujeres, lo que movió a las autoridades franquistas a enviar a las mujeres fuera de Teruel, con lo que ganaban espacio para hacinar más presos varones. La presencia de dichas mujeres en Capuchinos fue accidental, ya que después del escrito las mujeres eran trasladadas de forma directa de las prisiones de partido a Zaragoza, aunque también hay penadas turolenses en el convento de Santa Clara (Barbastro), lo cual les privaba de cualquier apoyo social externo, agravando su situación penal.

Entrada actual al recinto del antiguo cementerio de Teruel, en cuya reconstrucción trabajó un batallón; y detalle de la inscripción localizada en el lateral del banco junto a la puerta realizada en 1940 por el batallón que lo construyó.

Condiciones sanitarias

Otra preocupación para los dirigentes franquistas fue el tema de las posibles enfermedades y su transmisión entre los internados convivientes en malas condiciones y que se veían favorecidas por el amontonamiento de presos, especialmente en la cárcel de Capuchinos, cuyo aforo, como se ha visto, se había más que duplicado. Así pues, el gobernador ordenaba la vacunación de los internos en los depósitos municipales de la provincia contra dos enfermedades: el tifus y la viruela. Y por supuesto la obligatoriedad se extendía a cualquier nuevo preso que ingresase en la cárcel provincial. Se requería que todos los presos, pertenecientes a los batallones o no, fueran vacunados «por el Médico a cuyo cargo esté encomendada la Sanidad del Establecimiento, entregándoles un documento que lo acredite para que lo exhiban cuando sean trasladados a otra prisión». Las instrucciones dirigidas al director de la cárcel eran claras y precisas: «A fin de evitar casos posibles de tifus exantemático proceda a adoptar medidas a su alcance de despiojamiento de reclusos según vayan ingresando, cambiándoles de ropa si es posible se pasará por la estufa y se les friccionará con la sustancia antiparasitaria siendo aislados por un periodo prudencial antes de ponerse en contacto con el resto de la población penal».

No hay mayor documentación de las posibles infecciones o enfermedades transmitidas entre los presos, pero lo cierto es que las autoridades franquistas querían tener bajo su control cualquier brote infeccioso que, dado el hacinamiento de reclusos, podía ser letal.

Alimentación

La autarquía económica del franquismo acentuó aún más la falta de alimentos básicos o subsistencias (harina, carne, huevos, aceite, etc.). Esta situación condujo al ra-

Cerramiento, ampliación y reforma del cementerio de Teruel, 1941.

Reconstrucción del ayuntamiento de Perales del Alfambra, 1954.

cionamiento de los alimentos básicos.

Si estas carencias afectaban a la población libre, aún era peor para los presos que tenían que realizar esfuerzos muy duros en el trabajo y que precisaban una alimentación superior a la del resto de personas. Este hecho se traducía en un bajo rendimiento que los dejaba exhaustos, tal como se afirma en documentos del archivo de Minas y Ferrocarriles de Utrillas (MFU).

También había falta de alimentación en las cárceles de partido (Albarracín e Híjar) de la provincia de Teruel y en depósitos municipales cuyos presos «al ingresar en prisiones de partido llegan en un estado de intensa anemia, algunos de pronóstico tan grave, que pasan directamente a la enfermería». Esto lo decía el subsecretario de Interior en abril de 1941 al gobernador de Teruel y le recordaba que «al recibo de la presente debe darme cuenta de la calidad y cantidad de comida que diariamente se les suministre a los reclusos existentes en esa Prisión de su cargo en la inteligencia [de] que este estadillo de comidas ha de remitirse solamente una vez». Hasta los más altos cargos franquistas había llegado la escasez y la mala calidad de los alimentos de las cárceles de Teruel.

Un informe de la empresa MFU, en febrero de 1940, apuntaba que «esta sociedad se está esforzando desde hace tiempo para abastecer de combustible la región aragonesa [...] y, sobre todo, trata por todos los medios de conseguir que su personal obrero se encuentre abastecido principalmente de las primeras materias que son la base de la alimen-

tación». La empresa MFU tenía un economato con productos básicos de alimentación «a precios de mercado», así como enlatados y otras mercancías procedentes de Zaragoza, pero en febrero de 1940 la dirección advertía de que carecía «en absoluto» de «otros géneros que son la base de la alimentación del obrero como son el aceite, azúcar, garbanzos, arroz...». Esta carencia alimenticia produjo hambre entre los mineros de Utrillas, a lo que habría que añadir el frío del invierno cuando llegaron a finales de 1938. En la memoria correspondiente a 1940 se reconocía el descenso de la producción debido a la deficiente alimentación de los mineros.

El director de la cárcel de Albarracín escribía en abril de 1941 al gobernador «poniendo en su conocimiento la dificultad de adquisición de productos por la total carencia de los mismos en este pueblo y limítrofes, llevando en esta Prisión más de dos meses sin haber consumido patatas y teniendo pan hasta el día 18 de los corrientes con una reserva de subsistencias consistente en 51 kg de garbanzos, 166 kg de arroz y 22 kg de chorizo, que con el número actual de reclusos de 108 hacen una proporción diaria de racionamiento durante el presente mes, fácilmente perceptible, exiguo y deficiente si la autoridad no proporciona materias alimenticias».

Jerónimo Barquero (de Bronchales) nos relataba la experiencia de su padre preso en Griegos, un pueblo con tradición en el cultivo de la patata, que era tal el hambre que pasaba que cuando los vecinos sembraban las patatas, ellos iban por la noche, cavaban en los surcos y se apropiaban de ellas para cocinarlas y mitigar el hambre.

La cuestión económica

Los empresarios e industriales encargados de la reconstrucción de los pueblos requerían de buen grado este tipo de trabajadores porque las cantidades a pagar por los jornales eran siempre inferiores a las que se podían encontrar en el mercado libre. Este caso fue el de las empresas mineras: Minas y Ferrocarriles de Utrillas y la Carbonífera de Palomar, que emplearon a varios cientos de trabajadores y que pese a las quejas de su bajo rendimiento obtuvieron pingües beneficios con el empleo de los penados.

Batallón de trabajadores en Concud, 1941, anverso y detalle del reverso.

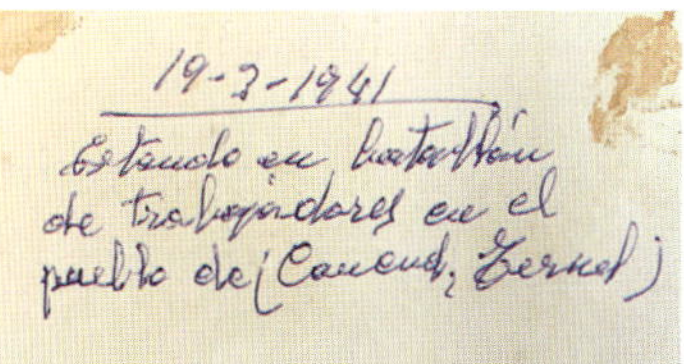

Las empresas debían abonar los jornales íntegros a la Jefatura Nacional de Prisiones, encargada de pagar al recluso por su trabajo como si fuera un trabajador libre. Del jornal se detraía alrededor de 1,50 pesetas/día en concepto de manutención del preso que, en principio, recibía cincuenta céntimos para sus gastos. La cantidad habitual del jornal podía estar en torno a las 10 pesetas para cualquier peón libre, tal como sucedía en Torrevelilla o Híjar. Esta era una cantidad muy baja, pues con ella el trabajador libre apenas podía adquirir productos dado el encarecimiento de la vida en la posguerra.

En el batallón n.º 51 no todos percibían el jornal de 1,90 pesetas (1,40 pesetas para reintegrar al Estado los gastos de mantenimiento y 0,50 para gastos personales) para los peones, sin una cualificación profesional. Se trataba de solteros sin carga familiar. Las cantidades eran idénticas para los del batallón n.º 171. Los que tenían una profesión (herreros, carpinteros, albañiles) recibían una peseta más al día, con lo que su jornal pasaba a 2,90 pesetas/día. Finalmente, estaban los casados que, al haber sido encarcelados, sus familias (mujeres e hijos) se habían quedado sin ingresos para subsistir, por lo que teóricamente percibían dos pesetas más y una por cada hijo. Estas cantidades eran reconocidas como asignación familiar y en principio se remitían a los municipios para su distribución entre las mujeres. Estos pagos debieron ser muy irregulares, porque no siempre les llegaban. Así, el alcalde de Lledó, José Lombarte, en febrero de 1940, se quejaba de que «por el PCRPT [Patronato Central de Redención de Penas por el Trabajo] no había llegado a esta Alcaldía giro alguno para familiares de reclusos trabajadores».

Viviendas para maestros en Sarrión, 1950.

Desde este Patronato se recordaba que «es de absoluta necesidad la colaboración de los alcaldes a la obra humanitaria y patriótica que desarrolla este Patronato», ya que eran estos, en última instancia, los responsables de distribuir entre las familias, generalmente muy necesitadas, las mínimas cantidades de dinero para poder subsistir. Otros, como el alcalde de Albalate del Arzobispo, Valero Alcaine, a 1 de marzo de 1940 sacaba pecho y explicaba que desde la alcaldía «se verificaba con el mayor celo los pagos de las familias de los reclusos-trabajadores de esta localidad [...] no habiendo interrupción alguna hasta la fecha en este servicio, el cual se cumple estrictamente».

Bibliografía

AA. VV., *La reconstrucción de Teruel (1939-1957)*, Catálogo de la exposición, Gobierno de Aragón, 2021.

AA. VV., Catálogo de la exposición virtual *La reconstrucción de Alcañiz tras la Guerra Civil*, Archivo Municipal de Alcañiz, 2021.

ALDECOA CALVO, José Serafín, «El destacamento penitenciario minero de Utrillas (1938-1944)», *Turolenses*, 4, 2014, pp. 25-28.

— «La reconstrucción de Griegos tras la guerra civil: Regiones Devastadas y el Batallón de Trabajadores n.º 21», *Rehalda*, 36, 2022, pp. 90-141.

BEAUMONT ESANDI, Edurme y MENDIOLA GONZALO, Fernando, «Batallones disciplinarios de soldados trabajadores: castigo político, trabajos forzados y cautividad», *Revista de Historia Actual*, 2, 2004, pp. 31-48.

CASAUS, M.ª José, «Ruina, desolación y reconstrucción en la provincia de Teruel (1938-1957)», *DARA-Documentos-y-Archivos-de-Aragon*, 2020 (blogspot.com).

GARCÍA-FUNES, Juan Carlos, *Espacios de castigo y trabajo forzado del sistema concentracionario franquista*, Tesis doctoral, Pamplona, 2017.

HAUSMANN TARRIDA, Carol, *Carbón de piedra. Un mundo que desaparece. Historia de la minería del carbón*, tomo IV, Utrillas, Comarca Cuencas Mineras, 2007.

HERRANZ MARTÍNEZ, José Juan, *Griegos 1948*, edición del autor, 2021.

LAFUENTE, Isaías, *Esclavos por la patria. La explotación de presos bajo el franquismo*, Temas de hoy, 2002.

LÓPEZ GÓMEZ, José Manuel, *La arquitectura oficial de Teruel durante la era franquista (1940-1950)*, Teruel, IET, 1988.

LORÉN ESTEBAN, Santiago, *Hospital de Guerra (El Cuartel, Hospital de Campaña, Hospital de sangre, Hospital de etapa)*, UNALI, 1981.

MALDONADO, José María, *Alcañiz/1938. El bombardeo olvidado*, Zaragoza, Prames, 2018.

OLAIZOLA ELORDI, Juanjo, «Trabajo forzado y ferrocarril. Destacamentos Penales y construcción de infraestructuras ferroviarias», *IV Congreso de Historia Ferroviaria*, 2006.

RODRIGO SÁNCHEZ, Javier, *Cautivos. Campos de concentración en la España franquista*, Barcelona, Crítica, 2005.

RODRÍGUEZ TEIJEIRO, Domingo, «El sistema franquista de Redención de Penas por el Trabajo en la segunda mitad de los años cuarenta: de los presos políticos a los comunes», *Revista de Historia de las Prisiones*, 2, 2016, pp. 185-205.

SALAS LARRAZÁBAL, Ramón, *Historia del Ejército Popular de la República*, tomo III, Madrid, La Esfera de los Libros, 2006.

Webgrafía

- https://connombreyapellidos
- https://batallate.es
- https://dara.aragon.es/opac/app
- https://www.mtiblog.com/
- https://www.sipca.es/
- https://historias del Bajo Aragón. worpress.com

Anexos

Inspección de los campos de concentración de prisioneros de guerra

TELEGRAMA POSTAL   5759

Sección 4ª
Número 28366
Burgos 12 de Diciembre de 1938   III Año Triunfal

EL CORONEL INSPECTOR
A DIRECTOR GERENTE DE S.A. MINAS Y FERROCARRILES DE UTRILLAS

ZARAGOZA

Concedidos por S. E. el Generalísimo los <u>doscientos</u> prisioneros interesados por esa Sociedad, adjuntas remito copia del escrito de concesión de S. E. el Generalísimo, copia de las Normas dictadas para utilización de prisioneros de guerra en las industrias militares o militarizadas y en obras de carácter civil y copia de un escrito circular sobre disciplina para el exacto cumplimiento de cuanto en ellos se dispone.

Para ello, con esta fecha ordeno sean alta dichos prisioneros en la Delegación de esta Inspección en Zaragoza, como unidad especial de trabajadores para los efectos administrativos, debiendo ponerse de acuerdo con la misma para la reclamación de haberes de prisioneros y fuerza de escolta.

TRANSMÍTASE
Firma (Ilegible)

Relación de personal empleado en trabajos durante el mes de diciembre de 1939
Teruel, batallón n.º 51

NOMBRE	OFICIO	ESTADO	HIJOS	JORNALES	HABER DIARIO	TOTAL PTS.
Bernardo Martínez Burrero	Peón	Soltero	–	24	1,90	45,60
Eleno Gutiérrez Lozano	Peón	Soltero	–	24	1,90	45,60
Antonio Cuevas Casto	Peón	Soltero	–	24	1,90	45,60
Manuel Beltrán Giner	Peón	Soltero	–	24	1,90	45,60
Ramón Gil Blanch	Peón	Soltero	–	24	1,90	45,60
Tomás Domingo Domingo	Peón	Soltero	–	24	1,90	45,60
Rafael Ariño Varela	Peón	Casado	–	24	3,90	93,60
Manuel Cañamero Noguera	Herrero	Casado	–	24	4,90	117,60
Julián Vázquez García	Peón	Casado	1	24	4,90	117,60
Valentín Sánchez García	Peón	Casado	3	24	6,90	165,60
Manuel García García	Albañil	Soltero	–	24	2,90	69,60
Joaquín García Garay	Cantero	Soltero	–	24	2,90	69,60
Alberto Martín Vidal	Carpintero	Soltero	–	24	2,90	69,60
Luciano Merino Soli	Carpintero	Soltero	–	24	2,90	69,60
Federico Temple Roseto	Carpintero	Soltero	–	24	2,90	69,60
Germán Gil Ávila	Carpintero	Casado	1	24	5,90	141,60
Ezequiel Giménez Fernández	Carpintero	Casado	1	24	5,90	141,60
Manuel Álvarez Silva	Carpintero	Casado	2	24	6,90	165,60
Ismael Revilón Martín	Carpintero	Casado	2	24	6,90	165,60
Francisco Repullés	Albañil	Casado	–	24	4,90	117,60
Francisco Martínez Gómez	Herrero	Soltero	–	24	2,90	69,60
Juan Basaguañe Vaquer	Herrero	Soltero	–	24	2,90	69,60
Jesús Martínez Burrero	Herrero	Soltero	–	24	2,90	69,60
José Pla Durbán	Herrero	Soltero	–	24	2,90	69,60

FUENTE: AHPT. Sección: Regiones Devastadas. 31 de diciembre de 1940.

Batallón de trabajadores n.º 21, Griegos (Teruel), 30 de abril de 1941

N.º	APELLIDOS, NOMBRE	PROCEDENCIA	OBSERVACIONES
1	Gómez Gamero, Antonio*	s. d.	Sargento
2	Azuara Calvo, Felipe	Utrillas	Represaliado político
3	Bayod (t) Barrera, Urbano	s. d.	Represaliado político
4	Baselga Bertolín, Miguel	Rubielos de Mora / Mora de Rubielos	Represaliado político
5	Barquero Barquero, Jerónimo	Bronchales	Consejo de guerra / Represaliado
6	Blasco Pérez, Elías	Cella	Represaliado político
7	Caballero Chiloeches, Martín	s. d.	Represaliado político
8	Campanales Gracia, Joaquín	¿Fabara? (Zaragoza)	—
9	Ciércoles Lasmarías, José	s. d.	Represaliado. Militante de CNT
10	Carbó Loscos, Antonio	Calanda	Represaliado político
11	Calomarde Julián, José	Teruel	Consejo de guerra
12	Chulilla Moreno, Pedro	s. d.	—
13	Edo Aguar, Joaquín	¿Mora de Rubielos?	Represaliado político
14	Fuster Iranzo, José	s. d.	Su hermano represaliado
15	Herrero Sanz, Joaquín	¿Ojos Negros?	—
16	Ibáñez Ibáñez, Antonio	¿Torralba de Ribota?	Represaliado político
17	Izquierdo Vicente, Leonardo	s. d.	Represaliado político
18	Iserte Redón, Saturnino	¿Fuentes de Rubielos?	Represaliado político
19	Julve Clemente, Tomás	Montalbán	Juventudes Socialistas
20	Ferrer Miralles, Serafín	s. d.	Represaliado político
21	García Giménez, Vicente	s. d.	—
22	Gascón Calvo, Sabino	Tronchón o Ejulve	Represaliado político
23	Gascón Royo, José	Ejulve	Desafecto. Represaliado
24	Gil Vicente, Eduardo	Beceite	—
25	Gil Julve, Ángel	¿Mosqueruela?	Represaliado político
26	Gracia Montalar, Mariano	¿Cella?	Represaliado político
27	Gadea Bielsa, Cristóbal	¿Montalbán?	Represaliado político
28	Górriz Ferrer, Pedro	s. d.	Represaliado político
29	Gros Bielsa, Francisco	Híjar	Represaliado

N.º	APELLIDOS, NOMBRE	PROCEDENCIA	OBSERVACIONES
30	Lavilla García, Sebastián	s. d.	Represaliado político
31	Marlasca Martínez, Bartolomé	s. d.	—
32	Moles Mostalá, Rafael	Alcañiz	Consejo de guerra / Represaliado
33	Mora Mora, José	s. d.	Represaliado político
34	Millán García, Francisco	¿Pitarque?	Represaliado político
35	Muniesa Sanz, Baltasar	Estercuel	Desafecto / Antecedentes penales
36	Muniesa Clemente, Juan José	Muniesa	H. consejo de guerra / Represaliado
37	Novella Ros, Servando	s. d.	Represaliado político
38	Ortín Azuara, Francisco	Montalbán	—
39	Ortiz Pérez, Manuel	Teruel / Cella	Consejo de guerra
40	Pérez Montoliu, Alfredo	s. d.	Represaliado político
41	Peñarroya Millán, Bautista	Castellote	Hermano consejo de guerra
42	Polo Casas, Álvaro	¿Noguera de Albarracín?	—
43	Prieto Sierra, Valentín	s. d.	—
44	Pumareta Muñoz, Joaquín	s. d.	Represaliado político
45	Puerto Santiago, Manuel	Oliete	Consejo de guerra
46	Quílez Fleta, Manuel	¿Montalbán?	—
47	Roberto Jarque, Ramón	s. d.	—
48	Saura Manero, Vicente	s. d.	Represaliado político
49	Silvestre Ferrer, Joaquín	s. d.	—
50	Soler Oriol, Claudio	Fayón	Represaliado político
51	Sánchez Galera, Juan	Utrillas	Represaliado político
52	Suñer Gómez, Manuel	s. d.	—
53	Simón García, Manuel	s. d.	Preso en Zaragoza
54	Vilar Rodríguez, Alfonso	s. d.	Represaliado político
55	Villanueva López, Juan	s. d.	—
56	Yus Romance, Luciano	s. d.	Represaliado político
57	Zuera Sabardia, Mariano	s. d.	—
58	Zueca Ramón, José	s. d.	—

FUENTE: Elaboración propia a partir de las secciones de Regiones Devastadas y Responsabilidades Políticas del AHPT, Centro Documental de la Memoria Histórica de Salamanca y Combatientes.es

* Era sargento, el único que debía formar parte del batallón n.º 21 y, por tanto, la máxima autoridad. No había más suboficiales u oficiales, aunque Jerónimo Barquero habla de un teniente.

Minas y ferrocarriles de Utrillas
Relación de obreros presos que trabajan en el sur

NOMBRE Y APELLIDOS	PROCEDENCIA*	EDAD	PROFESIÓN
Amador Arte Arte	San Cebrián de Muda (Palencia)	37	Picador
Alfonso Cruz Alcalde	Jaén	29	Escombrero
Francisco Durán López	Paterna del Río (Almería)	48	Maderista
Ovidio de Dios Robla	Rodicel (León)	33	Picador
Lucas Fornell Expósito	Figuls (Barcelona)	47	Picador
Antonio Galante Pereira	Casecas (Portugal)	33	Picador
Javier González Iglesia	Villallana	52	Picador
Sinforiano Herrera Paredes	Matalbaniega (Palencia)	47	Picador
Victoriano Herrero Martínez	Cuvillo de Ebro (Santander)	41	Maderista
Bernardo Huergo Rodrigo	Riba de Sella (Oviedo)	44	Ay. maderista
Pantaleón Ibáñez Martín	Escucha (Teruel)	37	Picador
Cristóbal Lardín López	Linares (Jaén)	30	Escombrero
Damián Lázaro López	Mazarrón (Murcia)	37	Escombrero
Manuel López Giménez	Turriyas (Almería)	33	Escombrero
Virgilio Martínez García	Vegadotos (Oviedo)	30	Ay. maderista
Constantino Mediavilla Estalés	Herrería de Castillería (Palencia)	40	Picador

FUENTE: Archivo de Minas y Ferrocarriles de Utrillas.

* Hemos comprobado que existen varios errores en la nomenclatura de algunas localidades, pero hemos preferido dejarlas tal como estaban en el documento original.